SONRISA DE CRISTAL

Lucía Escalona, 2006. A sus dieciséis años se anima a explicar sus experiencias y consigue expresar ese sentimiento que tanto la atormenta, dando como resultado *Sonrisa de cristal*.

Siempre ha sido una chica muy artística; afirma que el arte va más allá de un simple cuadro. «El arte es todo aquello que te produzca un éxtasis.»

ÍNDICE

Escrito e ilustrado por

Lucía Escalona

*Para ella,
que luchó desde el principio
para comprender
lo que nadie podía.
-Gardenias*

*Para él,
que sin sus alas
no podría haber visto el cielo.
-Dragón*

*Para la pequeña yo,
que miraba hacia arriba
y solo veía un techo.*

Lo hemos roto, mi niña.

¿Cuánto tardaste en darte cuenta de que quien
estará siempre contigo,
eres tú?

Para todo aquel al que mi tinta
llegue a sus manos,

yo también
me veía como una sombra

ese eclipse se irá
y no te imaginas
lo mucho que brillarás.

Con todo el cariño del mundo,

Lucía.

Querido lector,
primero de todo, quiero agradecerte de puro corazón
que te hayas topado con este libro, en el cual procuro
derramar todo lo que puedo para ayudar e inspirar a
todo aquel el que lo necesite.

Quiero recalcar que no soy una escritora profesional, ni
mucho menos. Pero soy una persona real. Una persona
deprimida, que intenta sacar sus demonios mediante
expresión libre, por lo que aquí podrás ver ilustraciones,
poesías y textos sacados directamente de ese dolor.

En este libro, hablaré sobre temas duros. Habrá
momentos en los que utilizaré un lenguaje más familiar,
pero no en todos. Mi intención en todo momento es
compartir mi compasión y situaciones para aquellas
personas que se sienten solas o buscan esa ayuda que
no saben muy bien de donde sacarla. También puede ser
útil para esas personas que tienen a un ser querido
pasando por una situación difícil y quieren ayudar, pero
no saben como hacerlo.

Dicho esto,
espero que sonrisa de cristal te pueda aportar esa
pequeña ayuda. ;)

01

TODO EMPEZÓ CON

CIERRA LOS OJOS,
SIENTE TU ALMA,
DÉJALE LA TINTA
A TU CORAZÓN.

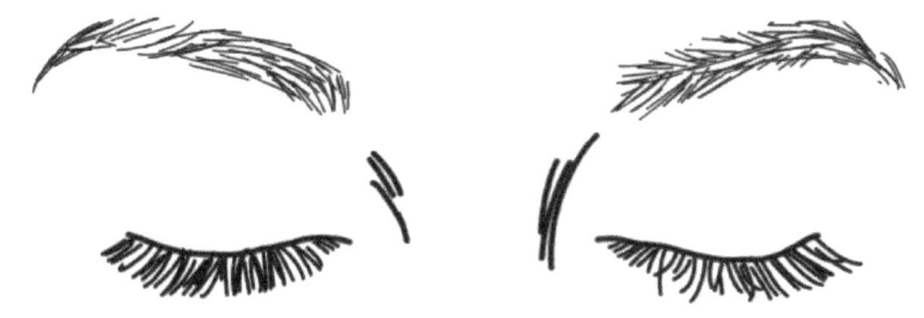

*Me agachaba
para recoger los pedazos
que caían de mi alma,
pero más caían.*

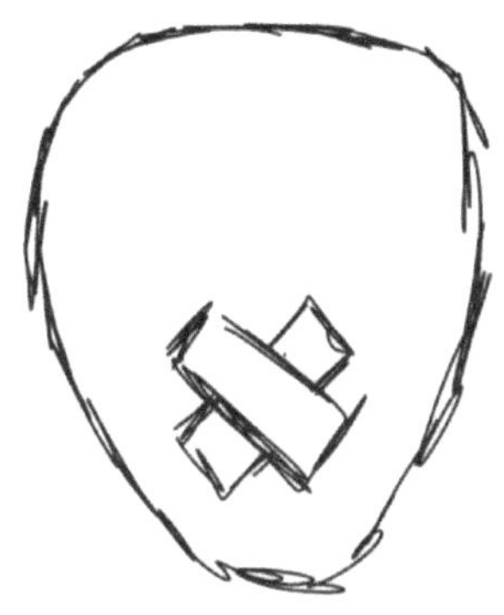

**Nos llamarán observadores,
cuando la realidad
es que nos percatamos
de lo que nunca nadie
vio en nosotros.**

**Acostada en mi cama,
con las manos en el pecho,
presionando con la esperanza
de que mis ojos y mi alma
consigan descansar.**

22:35

...

23:48

...

00:12

...

03:20

¿Cómo silencio a los demonios?

El amor es amplio, es el alma, el deseo, la felicidad.

**Morimos por amor,
matamos por amor,
vivimos por amor.**

**Omnia vincit Amor,
Verus amor nullum novit habere modum,
Amor animi arbitrio sumitur, non ponitur.***

**Del latín
(El amor todo lo vence,
El verdadero amor no conoce límites,
Elegimos amar, pero no podemos elegir dejar de amar.)*

Aquello que vive dentro
de mí,
dentro de nosotros.

Aquello que nos arrebató
nuestro brillo,
nuestra esencia,
nuestro yo.

-Mi cabeza

¿Quién habrá puesto

esas cadenas en mi garganta?

¿DE QUÉ TE QUEJAS?
HAY GENTE PEOR QUE TÚ...
LOS HOMBRES NO LLORAN.
DUÉRME UN POCO - VA...
PUES SE TE VE BIÉN.

SOLO BUSCAS ATENCIÓN.

ES UNA FASE

¡PUES AL LOQUERO!

ESO ES POR NO FOLLAR...

LOS JÓVENES SOIS BLANDOS

ANÍMATE, ANDA.

¿CÓMO MIERDAS RESPONDO A ESO?

02

ANÍMATE, ANDA

Vamos a empezar poco a poco. Con calma y paciencia.

Probablemente, quien esté leyendo esto tenga la mínima conciencia de que el maravilloso consejo de:

«*No estés triste. Anímate, va.*»

Es una respuesta aborrecible. Sin embargo, no debe verse siempre desde ese extremo. No deja de ser el deseo de alguien, quien solo intenta hacerte sentir mejor (aunque no funcione), solo que no sabe como hacerlo de una forma correcta, ya que **no lo entiende.**

Es la forma que alguien puede tener de expresarte (bienintencionadamente) que lamenta tu situación y que quiere que todo esté bien.

De una forma más resumida y para que se entienda mejor;

<u>La intención es buena, pero es inútil.</u>

Las mentes deprimidas tenemos una gran capacidad de entrar (pero no salir) de los famosísimos **círculos viciosos negativos**. Te lo voy a enseñar con dibujitos, que parece que se entiende mejor.

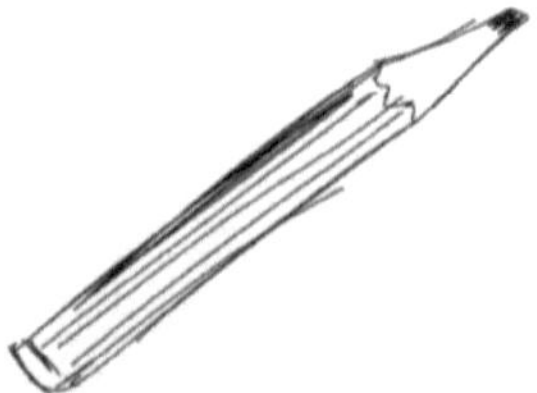

LA CARTA

Querido Juan,
Sé que no estás pasando por un buen momento, pero no podemos dejar que tu puesto se realentice.

Ánimate, venga.

Att;

Carlos, tu jefe.

Vamos a ver, Juan...

Déjate de tonterías. Ya eres un hombre adulto.

¿Me explicas por qué cojones no haces tu trabajo? Si lo único que haces aquí es quejarte. Ya te hemos escuchado todos.

Si sigues en este nivel, voy a acabar despidiéndote.

Ánimate de una vez, joder.

Att;
Carlos, tu jefe.

LO QUE LAS GAFAS DE JUAN LEEN

Como personas humanas que somos, es comprensible que nuestros comportamientos sean muy diferentes entre sí. Es bastante complejo entender y poder ayudar a las mentes ajenas, ya que no conocemos su funcionamiento.

Este tipo de consejos, por muy bienintencionados que sean, no se van a escuchar como la persona transmisora quiere que se interprete. Por lo que, hay que tener algo de tacto para enfrentarse a estas situaciones.

«No estás solo, yo estoy aquí para escucharte. Desahógate. No voy a juzgarte.»

Es a veces lo único que una persona deprimida necesita escuchar. Nada de rodeos. También hay que destacar que las **comparaciones solo sirven para hundir más** a aquella persona. Es muy bonito y humano que se tenga en mente a aquellas víctimas de pobreza, conflictos mundiales, abusos o desequilibrios sociales. Pero seamos sinceros, esa comparación no te sirve ni a ti, ni a él, ni a ellos. Además, de que suena como un argumento para esquivar la situación.

CONSEJO; Intenta expresar lo que a ti te gustaría escuchar si estuvieses en una situación similar.

Te escuchas gritar,
gemir de dolor,
sufrir.

Pero todo lo callas.

-Gritar en silencio

**Será cierto
que no siempre
se debe actuar
sin buscar nada a cambio.**

**Un duelo constante
en el mismísimo infierno,
donde muchos creemos
que solo queda sucumbir.**

Pero seguimos.

**El rugido de las tormentas
me hace acordarme
de todo el peso que aguantan,**

**retienen el agua
y cae,
fuertemente.**

No somos tan distintas.

**Deberías haberte visto a través
de mis ojos cristalizados,**

**Al fin y al cabo, solo eras una
de mis mil espinas.**

Acabé amando tu destrucción.

**Sí que lo pienso, realmente.
¿Me estaré volviendo loca?**

¿Qué me diría
mi yo de seis años?

Me gustaría abrazarla,
decirle que perderá.

«Perderás mucho, cielo»

Pero lucharemos por
recuperar(nos).

La tentación
de tener la puerta abierta
la puerta del abismo,
del fin.
Querer cruzarla
Qué tentación.

03

MINIMIZAR SENTIMIENTOS

La de veces, que ni tú ni yo habremos sabido como identificar lo que sentíamos ni lo que otros podían sentir. Pero no nos culpemos ahora.

Recuerda que, expresar tus emociones tal y como las sientes no te hace débil.

TE HACE HUMANO.

Considero que no es necesario decir que no es sano. Sin embargo, aunque la gente sea consciente (o no) de ello, tendemos a utilizar ese escudo o fachada para aparentar que somos más fuertes. Esto tiende a suceder más en los hombres, ya que todavía hay algo de rechazo social a aquellos hombres que se muestran tal y como son. Pero eso no está mal. No debemos permitir que esas injustas barreras influyan en como sentimos.

Seamos conscientes de qué y como sentimos. Pongámosle nombre a esas sensaciones que a veces no entendemos. Eso nos puede ayudar a focalizar mejor nuestra atención sobre nuestra salud mental.

Dejemos de negar lo que sentimos. Es posible que no desees contarles a otras personas sobre tus sentimientos, pero no los reprimas totalmente. Trata de descubrir cómo y por qué sientes eso.

También hay que recalcar mucho una cosa;

Cada cual siente a su manera. Es muy importante saber reconocer y explicar lo que sentimos, por lo que se sobreentiende que no es lo mismo que culpar a alguien por la manera en la que uno siente. Ten presente que lo que sientes cuando ocurren estas cosas viene de tu interior. Tus sentimientos están ahí por un motivo; para ayudarte a comprender lo que está ocurriendo.

ACEPTACIÓN

Para poder lograr un avance, hay que tomar medidas. Estos tipos de procesos son lentos y duros, hay que ser consciente de que no será tarea fácil. A veces, darse cuenta de lo que uno siente es suficiente, pero en otros casos, querrás hacer algo para sentirte mejor. Hay que darle importancia a los momentos que son clave. El primero, sería el hecho de **como** expresamos nuestra emoción; ¿Es el momento, forma o lugar indicado? Lo que suele pasar la gran mayoría de veces, es que nuestra **frustración nos invade en momentos de discusión**. Nuestro pensamiento se altera y no conseguimos razonar como a nosotros nos gustaría. El estado de ánimo que tengamos puede influir muchísimo, por eso también debemos darle relevancia a ello y saber como cambiar de estado anímico. En algún momento necesitarás cambiar del negativismo a la positividad o de la euforia a la calma.

Es por ello que considerar los pequeños momentos gratificantes, por muy estúpidos que puedan sonar, como por ejemplo conseguir ese punto perfecto de la pizza, terminar un puzzle, oler un libro nuevo, encontrar monedas sueltas por la casa, que un perro se ponga contento al verte, etc. Prestar atención a las cosas buenas, incluso cuando te sientas mal, puede ayudar a cambiar tu estado de ánimo de negativo a positivo.

Busca apoyo. Habla sobre como te sientes con las personas que te rodean, también contigo mismo. Permítete el lujo de escuchar a tu yo interior. La ayuda profesional también está a nuestra disposición, y ellos pueden aportar ese granito de arena en situaciones que nosotros mismos no podamos controlar. Ellos entienden mejor que nadie que las emociones son algo muy fuerte. Por lo que contar con alguien para entenderlo, puede ser de gran ayuda.

Las emociones son algo completa y totalmente natural, por lo tanto, juzgar nuestra forma de sentir no nos puede llevar a ningún lado. Si nos ponemos a analizar, comprenderemos que hay ciertas cosas más sencillas de cambiar o perfeccionar.

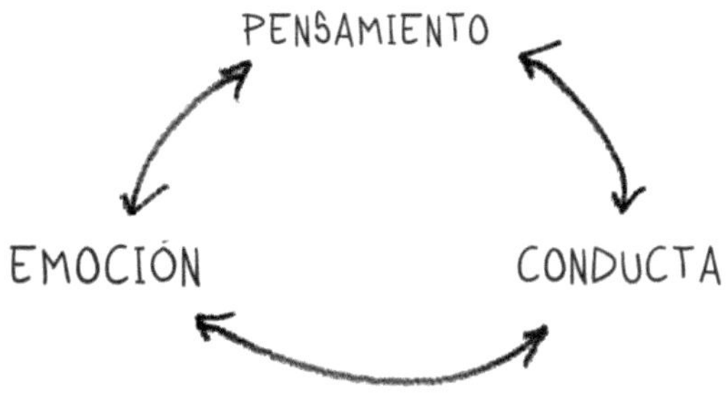

Este plano es utilizado en la psicología, simplificado de forma que, tal como se puede ver, el pensamiento, la emoción y la conducta están relacionados entre sí, de forma que tal como expresemos o sintamos uno, como cada una de ellas está conectada por su lado con los otros dos vértices, intervengamos por donde lo hagamos, los otros dos lados se van a ver afectados. Para las personas deprimidas, puede utilizarse un claro ejemplo;

«Estoy triste, no tengo ganas de hacer actividades lúdicas que siempre me habían agradado, y por no hacerlas, pienso que soy una vaga. Eso me entristece más.»

Y así, amigos, es como se entra en un círculo vicioso.

Pero, ¿De dónde viene todo lo que pensamos? Pues bien, hay diferentes factores que influyen en el pensamiento, los cuales tenemos tan interiorizados que a veces no nos percatamos de que pensamos de una forma gracias a ellos. Los factores que influyen son; Ambiente con el que naces, creencias o religiones, costumbres, experiencias, recuerdos, comportamientos y valores del bien o el mal.

Si no queremos vernos en estas situaciones, lo que debemos es intentar modificar la parte más sencilla y rápida para poder llegar cuanto antes a la más compleja. La conducta sería lo primero por lo que podríamos intervenir; hay miles de actividades que pueden producir efectos positivos en nuestro cuerpo. Gracias a ello, el pensamiento podrá cambiar y notar positividad. Por último, podremos ver como la emoción progresa.

Probar cosas nuevas, salir a hacer ejercicio, escuchar música, pintar cuadros, escribir, componer, tocar instrumentos, renovar tus espacios de confort, relaciónate, haz una receta, mira tu película favorita, haz manualidades, haz fiestas, desempolva juegos de mesa, participa en voluntariados, vístete como a ti te guste. Repítelo. Repite cada una de estas cosas que te haga sentir bien, que te haga sentir tú mismo.

Está bien si un día no tienes fuerzas. Recuerda que parar un momento no quiere decir retroceder en el camino. Lo estás consiguiendo, estás avanzando. Por muy poco que lo veas, lo estás logrando. Tendrás muchos altibajos; **es normal**. Habrá momentos donde veas que estás en la cima y otros donde sientas que la tierra te está tragando. Las caídas y subidas son parte del proceso.

Intento saber
que es eso de mi interior
que quiere salir
o querrá volar.

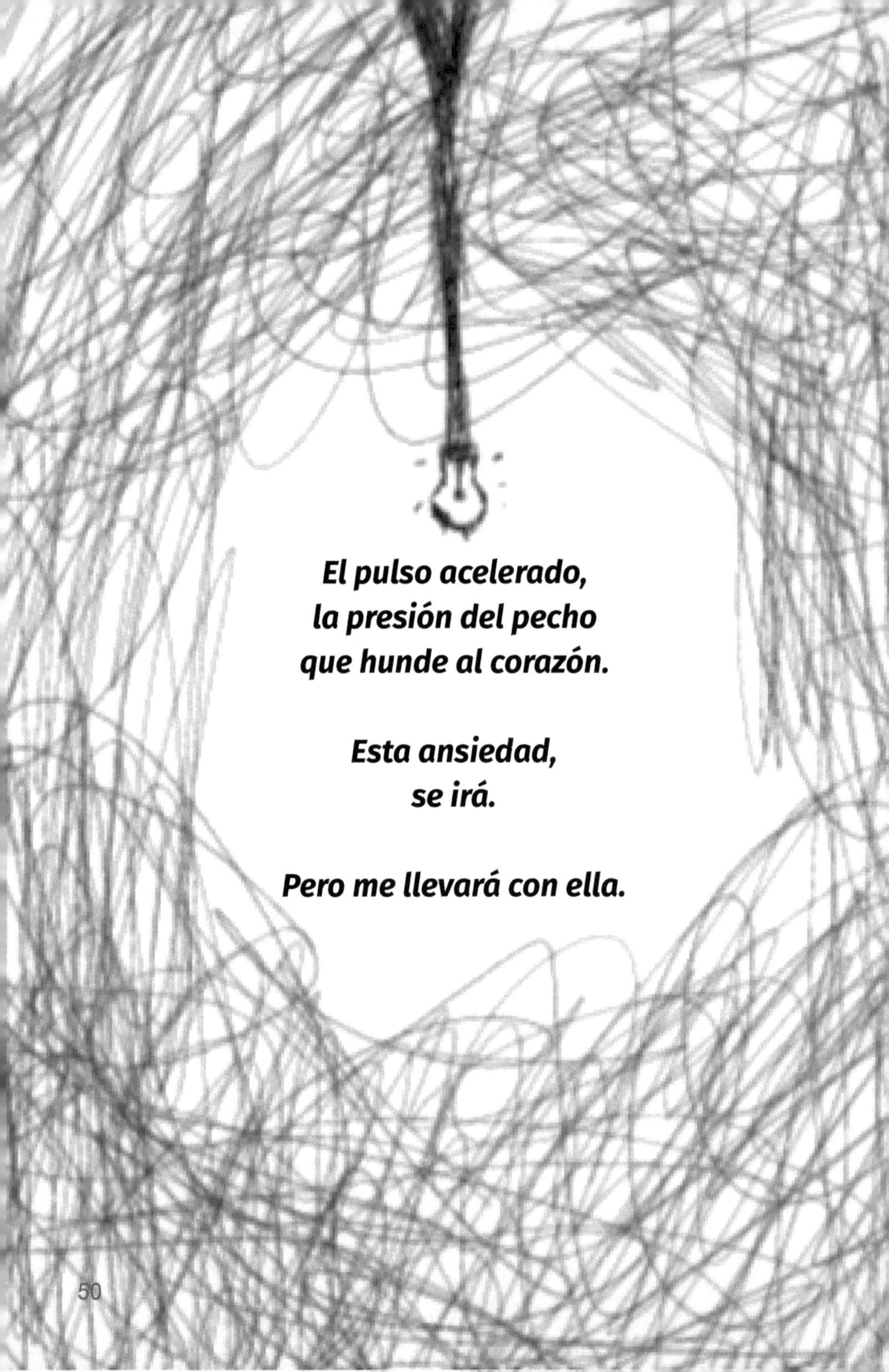

El pulso acelerado,
la presión del pecho
que hunde al corazón.

Esta ansiedad,
se irá.

Pero me llevará con ella.

**Se siente bien
saber que es real.**

**No me lo estoy imaginando,
no me lo estoy inventando.
Es real.**

Es real...

Ojalá no lo fuera.

**Bendito el día
en el que dijeron
que los deseos
se harían realidad.**

**Maldito el día
en el que desee
la muerte.**

Saber
que ya no está,
no es lo que me carcome.

Notar
que a mí se me cayó el mundo
porque quien yo creía
que nunca lo haría,
me lo dejó caer.

-Confusión

**Recuerda
que el frío
nunca dejó de quemar.**

Que no son los ojos
es la mirada.

Que no es la mirada,
es como me miras.

Que no es como miras,
es como te callas
y dices aunque no lo digas.

-Rayden

**Las hojas chocando entre sí,
el riachuelo
siguiendo el mismo camino
el color rosado del cielo,
nunca falla.**

-Paz mental

El sol,
que es tan radiante
desprende esa sensación
esa que tanto gusta.

Pero yo soy más de nieblas.
Nieblas de noche.

Esa sensación
que perfora mi alma
y ata mi garganta,

no puedo sacarlo,
ni aunque utilice mi último aliento.

04

CONECTAR PIEZAS

No entiendo por qué me siento así durante tanto tiempo. No consigo saber qué es lo que me hace llegar a estos extremos. Intento comprender la lástima que sienten hacia mí por como me siento, pero no consigo comprender el por qué de mi estado.

Supongo que el hecho de sufrir desde temprana edad, podría influir en algo. Pero yo no lo siento así... Ya lo tengo todo superado.

Recuerdo aquella vez que mis amigos me pegaban con sus mochilas. Era un juego, todos reíamos. Me dolía, pero así se divierten los críos, no pasa nada.

Cuando somos pequeños no comprendemos las cosas. No les guardo rencor por burlarse de mí, por desarrollarme antes de lo normal, ellos no lo entendían, no tiene importancia.

El hecho de que me llamaran *marimacho* o que me pusieran caras raras por mi orientación sexual, es agua pasada. Son cosas nuevas, los niños (ya no tan) pequeños no saben como mostrar su curiosidad. ¿Por qué pensar en ello?

Tener pensamientos suicidas a los diez años... Seguro que lo exageraba. Las autolesiones serán arranques de nervios que les dan a los pre adolescentes. Tampoco tenía nada por lo que quejarme.

Los mayores a veces discuten. Que las parejas tengan peleas es normal. Se hace costumbre escuchar gritos. El amor es así, ¿No?

Estoy segura de que cuando alguien opinaba sobre mi cuerpo diciendo que estaba bastante delgada y que por mi altura parecía un palillo, era porque se preocupaban por mi salud.

Cuando alguien te quiere intenta protegerte y mantenerte cerca de sí. Escuché que eso era manipulación y maltrato psicológico, pero sería una exageración.

«Puedes dormir en mi casa si no te sientes bien en la tuya.»

Pero si es mi casa y mi familia está aquí, ¿Por qué querría irme?

Los adolescentes tienen las hormonas revolucionadas. Que solo les interese mi físico para el calentón no es para tanto. Es una forma de querer.

¿Ser abusada? Para qué quejarte de ello, guárdatelo para ti misma. Tampoco es tan grave.

Sigo sintiéndome mal y ya han pasado más de cuatro años… Será que soy una amargada y no sé vivir la vida.

Encajar en la sociedad no está tan mal… A la gente no le gusta como soy, seré algo rara… Seguir las modas y beber alcohol es algo típico de adolescentes, por probar no pasa nada. Yo quiero tener amigos.

No me reconozco al mirarme al espejo. Ella no soy yo.

No quiero ser quien no soy.

Tener ilusión por alguien está bien. Me hace notar que tengo sentimientos reales. Puedo encontrar a alguien que me quiera más allá de lo que se ve a simple vista.

Todos cometemos errores, supongo que dar oportunidades no es erróneo.

Se siente genial saber que hay alguien en quien apoyar la cabeza en su pecho, poder reír, poder llorar y sentir de forma libre. Me siento querida y escuchada. Empiezo a comprender lo que es la confianza. Siento que puedo expresar mis demonios sin ser juzgada.

«Yo nunca te haría algo así.»

Te creo.

Pues sí que lo hizo.

Sé que la gente va y viene. No voy a culpar a nadie de irse si es lo que quiere, pero no acabo de entenderlo. ¿Será culpa mía? ¿Por qué cuando intenta volver, disculpándose, me siento mal por rechazarlo? ¿Tan mal está poner límites?

...

Creo que todo aquello no estaba superado, al fin y al cabo.

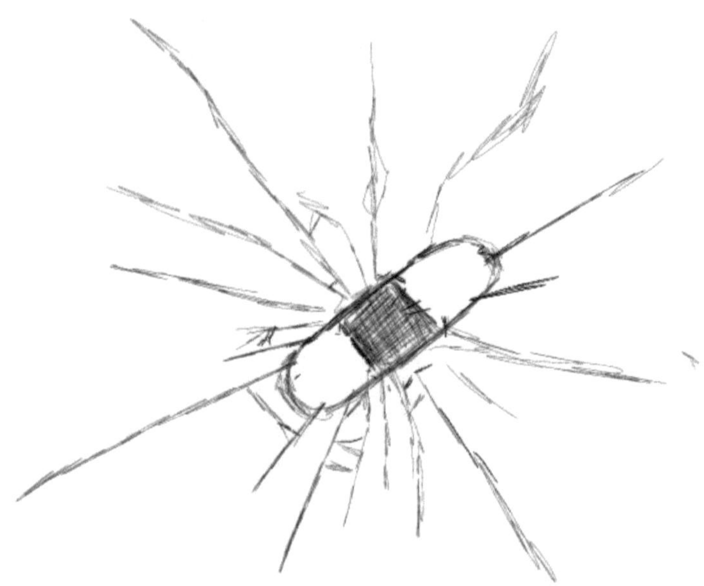

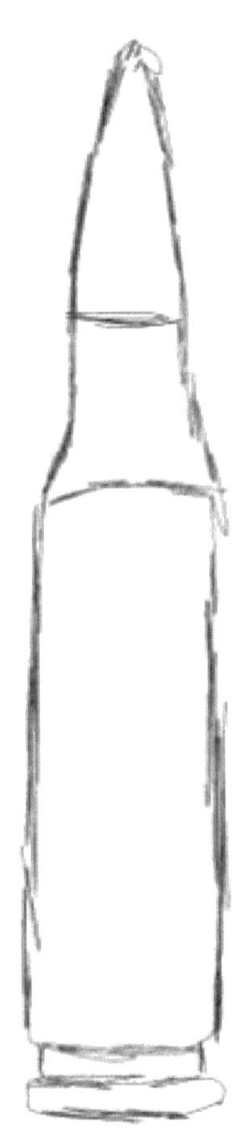

*Una bala
dolía menos
que tú
estando
sin estar*

Dejar pasar las horas
pensando en cuánto
tardarán en sanar
todas mis heridas.

El tiempo no cura.

Un velero
no avanza
cuando no corre el viento

Hay que saber como utilizarlo.

**No estoy segura.
¿Qué camino estoy siguiendo?**

¿Cuál es la salida?

EXIT
EXIT
EXIT?
EXIT

Ya no quiero estar aquí.

Extraño lo que era,
aunque creo
que nunca fui.

Extraño ese vacío,
esa nada.

«*Pretender y seguir.*»

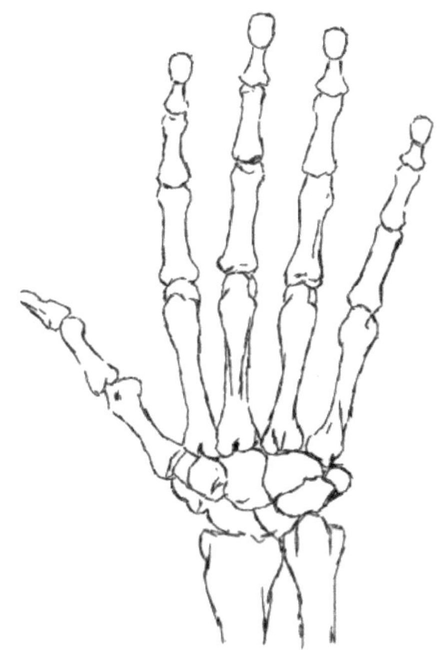

Cada noche,
siento como la sangre
corre por mis venas
mis huesos,
chocando con las paredes
de mi cuerpo.

**Dañar mi cuerpo
no es lo que me atormenta.**

**Pensar que ese cuerpo
es el mismo
del de aquella niña
aquella inocente niña.**

Eso es lo duro.

*Estoy jugando
a la puta ruleta rusa
conmigo misma
con el revolver en la garganta
y el tambor lleno.*

Bum.

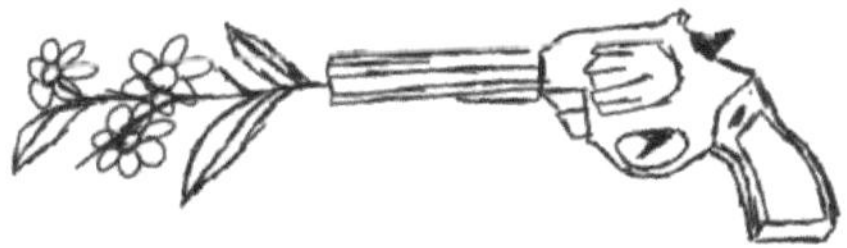

**Lo que daría
por volver a sentir
esa ilusión
el día de mi cumpleaños.**

Ahora queda silencio.

05

PLACERES

Poder dormir después de un día duro.

Despertar sin ese cansancio tan pesado.

Tener hambre por las mañanas.

La emoción de mi mascota después de verme.

La voz de una madre al decir *buenos días*.

Escuchar reír a mis amigos.

Ese profesor al que le encanta su materia.

«Oye Lucía, ¿Me ayudas un momento?»

Acariciar la espalda del que está cruzado de brazos.

«Me he acordado de ti.»

Que apoyen la cabeza en mi hombro.

Verme bien al espejo.

Que el mueble esté alineado con la baldosa.

El olor a nuevo.

Aprender curiosidades.

Jugar con un niño pequeño.

Disfrutar del silencio.

El bosque con poca luz.

Las vibraciones de la música.

Simetría.

El viento refrescante en verano.

Un abrazo de mi abuela.

Mis primos en navidad.

Cantar a todo pulmón.

Mirar a alguien a los ojos.

Las conversaciones fluidas.

El sonido ambiental.

Recibir un paquete.

Los animales.

Las flores.

Entender filosofía.

Las teclas del teclado antiguo.

Ver mi película favorita.

Una canción nueva.

Las palomitas del cine.

Reír hasta llorar.

El amanecer.

Caminar por la playa de noche.

Un piano sonando.

Tener los auriculares puestos.

Los planes individuales.

Viajar sin destino.

Los ojos de mis sobrinas.

Ver fotos de pequeña.

Los ánimos de mis compañeras de equipo.

Inspirar a las personas.

Las noches de tormenta.

Reencuentros inesperados.

Harmonía de colores y formas.

Los juegos de mesa en familia.

Versiones de orquestas.

Completar un puzle.

Las marchas en la calle.

Saber historia.

El transporte público vacío.

Los lugares escondidos.

Un bizcocho saliendo del horno.

Mi sitio habitual del sofá.

Hablar en otro idioma.

Escribir un correo.

Superar mis marcas personales.

Los museos.

La libertad.

«Te acuerdas de…»

Dibujar a mano alzada.

Prepararse para la cena de noche buena.

Contar los días para algo.

La velocidad por carretera.

Notar la admiración.

La mirada de los que me escucharon cantar en el aeropuerto.

Esa exhibición de danza expresiva.

Ese vídeo de la galería que nunca borraré.

Ver crecer a mi mejor amiga.

El cariño de un padre.

Desempolvar mi primer videojuego.

Hacer sonreír a desconocidos.

Darle nueva vida a algo antiguo.

Esas galletas hechas con amor.

Conseguir ese propósito del año.

Los ánimos del gimnasio.

Atreverse.

Ver la nieve en persona.

Saber ser independiente.

Superar un miedo.

«Eso a ella no le gusta.»

Los calcetines largos en invierno.

Las canciones viejas.

Saltar de emoción.

Sorpresas.

Las notas hechas a mano.

Salir del armario.

Obtener diplomas.

«¿Cómo te has sentido respecto a esto?.»

Pintar las paredes de la casa.

Los días festivos.

Acabar lo empezado.

Conseguir expresar un sentimiento.

Calmar la ansiedad.

Un beso en la frente.

Los detalles intangibles.

Sentarme en la ducha con agua ardiendo.

Gritar libremente.

Estirarse en la cama.

Las canciones de los festivales.

Acordarse de los sueños buenos.

**El destino,
se acerca en silencio.**

No se lo ven venir.

**Hay un contador,
tic tac.**

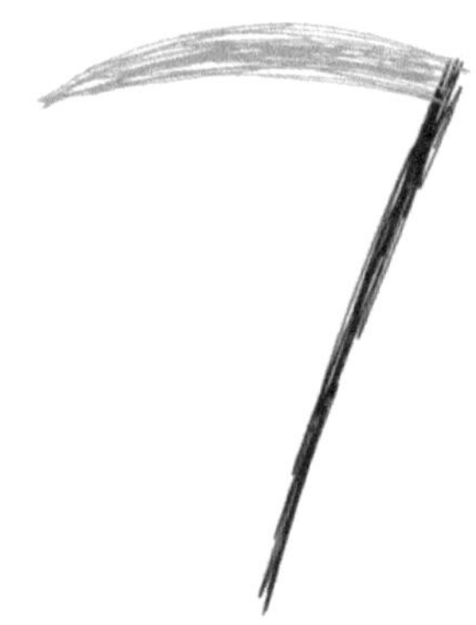

La noche,
la preciosa y brillante noche.

Parece que intenta matarme.

¿Por qué
su oscuridad
potencia
la mía?

No sé cómo hacer una despedida; cómo empezar a decir adiós ni cómo acabar de decirlo. Hay muchas cosas que sé y no debería. Sé lo que es estar muerto. Sé lo que es respirar sin sentir la vida, comer sin sentir apetito y dormir sin percibir el sueño.

Siempre me ha gustado escribir, pero nunca he podido expulsar lo que realmente siento en una libreta. No he podido deslizar las yemas de mis dedos por un teclado para escribir lo que siempre quise sacar.

Me es imposible sacar todo el dolor que llevo dentro. Ha llegado un punto donde ya no puedo más y me rindo. Cada vez tengo menos fuerzas, esperanzas y tiempo. Es una lucha constante donde la corriente siempre estará en mi contra. Por mucho reconocimiento que pueda ver a mi favor no soy capaz de sentirlo.

Para mi conciencia, los puntos positivos que pueda haber. Siempre le daré más importancia a los momentos negativos. Sin embargo, hay algo que siempre recuerdo, cada día al despertarme y al acostarme; mi fuerza y aguante. He estado al borde mucho tiempo, pero creo que en estos momentos no hay más pasos que dar atrás. Ya no más.

Reproduzco en mi memoria cada momento de risa y orgullo, he exprimido cada sensación hasta que se ha acabado para poder mirar al fondo del pozo y decir "todavía no". Pero ya no funciona. Veo fotografías y no me causan ninguna sensación. Escucho canciones, voces y risas que no me transmiten vibraciones. Hace mucho tiempo que no siento la liberación de mi risa. El brillo de mis ojos desapareció.

Quiero agradecer de una forma inmensa a aquellos que realmente sí estuvieron conmigo para afrontar las situaciones. A aquellos a los que miraba y decía "Por ellos".

Por mucho que intente retener, el muro tiene que caer. He aguantado mucho por seguir viendo la esperanza de mi madre y el esfuerzo de los que me rodean el alma. Les debo la vida a todos y cada uno de ellos. He conocido a mucha gente a lo largo de mi vida. Pero tristemente, nunca pensé que pasaría de los doce años. Sin embargo, aquí estoy. Perdí la vida con una sobredosis de pastillas, suicidio. Mi cuerpo salió, pero mi alma murió definitivamente aquella tarde. Sé lo que es estar muerto en vida. Llevo muerta desde entonces; vacía.

Yo era un monstruo. Había hecho daño a los que estaban conmigo. Les había hecho daño por hacerme daño a mí misma.

Me aferré a seguir respirando porque ellos lo querían así. Eran mis ángeles.

Pero uno no puede vivir de lo que los demás quieren;

*"No puedes decidir sobre la vida y la muerte de los que te rodean. Lloramos, reímos, nos enfadamos… La gente es así. Sin embargo, no puedes determinar si viven o mueren. Eso lo deciden ellos."**

Cuidar de la salud mental y física de uno mismo y de los cercanos es algo fundamental en las relaciones sociales. Todos tenemos derecho a sentir. Es importante que los temas como la salud mental y exclusiones se traten de una forma correcta, antes de que sea tarde.

Nunca perdí la esperanza del todo.
Todavía hay algo ahí, algo que no puede verse a simple vista. Los detalles marcan la diferencia.

-Mi carta de despedida

*Cortar por la línea de puntos; Zerocalcare

Pero no fue el final.

La vida me enseñó
que quien sufre callado
y afronta en silencio,

es el más valiente de todos.

**Todo aquello
que se puede encontrar
en el interior
de un corazón roto.**

**Si tan solo,
el mundo supiese...**

*Llamarán ingenuos,
a todos aquellos
que dan
sin esperar recibir.*

*Que no desviamos la mirada
cuando hay una injusticia delante.*

*Que luchamos,
sin miedo a perder.*

Nos llamarán ingenuos.

Somos la esperanza.

**Tenemos miedo a partir
nos aferramos
a mantenernos
y no dejar "nuestra vida".**

**La realidad es,
el pasado nos ata
y el presente nos retiene.**

**No puede hablarse de vida sin el
futuro.**

«Ahora sé que el amor, la amistad y la felicidad tienen un nuevo nombre.»

-Promesas escritas con lápiz.

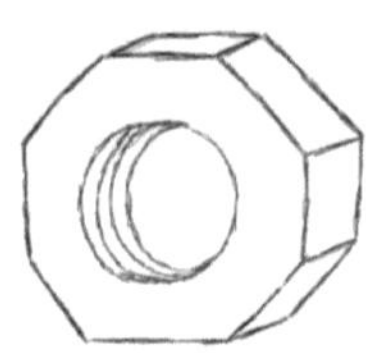

*Ese escozor
tan característico
de todas las heridas.*

No pueden verse a simple vista.

Nos están matando.

De dentro hacia fuera.

**Disminuir el volumen de la realidad.
Una realidad ficticia
que mi propia cabeza inventa.**

Insuficiencia;

Ni todo el oro del mundo
podría llenar
ese hueco
tan profundo.

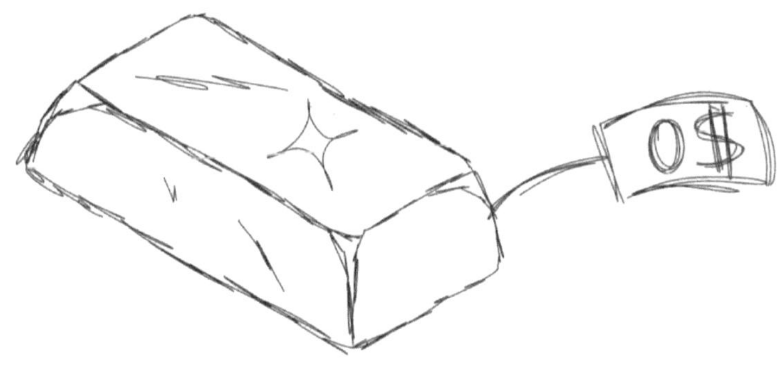

Todas las flores
que se dieron
en esos momentos,
donde ya era demasiado tarde.

Tan maravillosas,
tan llenas de vida.

Siendo regaladas,
cuando el nuevo destinatario
ya había fallecido.

06
SÍNTOMAS

Lo cierto es que en este capítulo voy a dejar llevar libremente mis pensamientos, para así poder expresar y mostrar sin filtros lo que es la mente de una persona con depresión.

Por lo tanto, habrá comentarios duros y explícitos, los cuales podrían herir la sensibilidad de algunas personas.

Si consideras que no estás en el momento o que leer lo siguiente te causará una sensación peor, te invito a pasar a la página *105*.

Siento un vacío tan grande dentro. No tengo ni la más remota idea de porque todo esto duele tanto. Es como si me hubieran arrancado algo dentro de mí. Una herida tan inmensa que me asusta. Y tanto que me asusta.

No tengo ningún tipo de apetito. ¿Esto será normal? No salgo de mi cuarto. No quiero ver a nadie. Mi cuerpo está atado al colchón y aguanta la presión de una fuerza que no me permite levantarme.

¿Esto es vivir?

No quiero permanecer en esta condena. Quiero acabar con esto.

Todas mis rutinas se han hecho pesadas. Ya no disfruto. Estoy cumpliendo con mi obligación.

Las horas pasan tan despacio. No me doy cuenta del paso de los días. Llevo aquí encerrada varios años. ¿Qué me está pasando?

Mis constantes no llevan ritmo. Mi cuerpo está en total desconexión.

Las voces de mi cabeza dicen muchas cosas... No les encuentro el orden. Se pisan entre ellas. Se están ahogando. Yo también caigo.

No puedo hacer que callen, me adelantan una y otra vez, pasando de unos extremos a otros. Quisiera al menos poder entenderlas.

Mi cabeza me hace dudar de cuál es la verdadera realidad. Veo cosas extrañas. Escucho los rincones, siento la oscuridad, ¡Qué tortura!

Todo a mi alrededor me observa. Sus miradas penetran en mi piel. No son alucinaciones. Son demasiado reales.

Quiero hablar con esas personas inexistentes. Quiero saber el porqué de su presencia, pero un miedo inmenso recorre por mis venas. No quiero que me respondan. No puedo permitirles eso. No quiero darles el arma que me matará.

La curiosidad mató al gato.

¿Qué se sentirá descansar y ponerle fin a todo? Siento que lo necesito. No encuentro el sentido de tener que sobrevivir de esta forma. Estoy cansada de luchar. Ya he sufrido demasiado y no puedo aguantar más. La muerte no es tan mala. Solo quiero irme de aquí, no merece la pena intentar buscar una luz, no la hay.

No le tengo miedo a morir, tengo miedo de seguir viviendo de esta forma. Tengo miedo de la vida. A estas alturas nada tiene sentido. No me importa hacerme daño. Los cortes solo me piden más, Los impulsos se vuelven incontrolables. Mi cuerpo está muriendo.

No quiero dañar a los que me importan.

«No te puedes morir, hija.»

«Aguanta hasta que llegue, por favor.»

«No puedo verte así...»

«Has sido mi puta salvación, Lucía.»

«Siempre serás mi pequeña.»

«No te soltaré la mano.»

Les quiero desmesuradamente. Tanto que son mi hilo colgante entre la vida y la muerte.

Les he hecho tanto daño. Ellos no se merecen que alguien les haga daño. Ojalá pudiera apartarme de sus vidas y así no complicarles más. Soy una rama en el camino. Solo estorbo. ¿Por qué tendrían que aguantar las mierdas que me pasan?

Tengo tanto miedo de todo este dolor.

Es demasiado pesado. Tengo la necesidad de extirparme la piel, arañarme hasta desgarrar los músculos. Romper mis huesos a golpes.

Atadme. Atad mis extremidades, ponedme una camisa de fuerza. No me dejéis sola con mi cabeza. Quiere matarme y yo no puedo aguantarlo. Necesito ayuda. Me estoy quedando sin fuerzas. El tiempo pasa y yo me estoy quedando atrás, están avanzando mientras yo me hundo cada vez más en este pozo tan silencioso y profundo. Pasa desapercibido sin dejar pruebas.

No estoy hecha para esto. Hay demasiado descontrol y no soy capaz de mostrarlo. Un torbellino invisible en mi interior que arrasa con todo a su paso.

SACADME DE AQUÍ

Qué desesperación tan grande. Ansío el poder descansar en paz. Necesito que todo pare, me está taladrando la conciencia.

Me arrancaría
cada pedacito de mi cuerpo
con mis propias uñas
por comprender
y no sentir esa confusión
que tanto revuelo
causa en mi estómago.

Esa fuerza
con la que mi mandíbula muerde
cuando el estrés
la fuerza a cerrar.

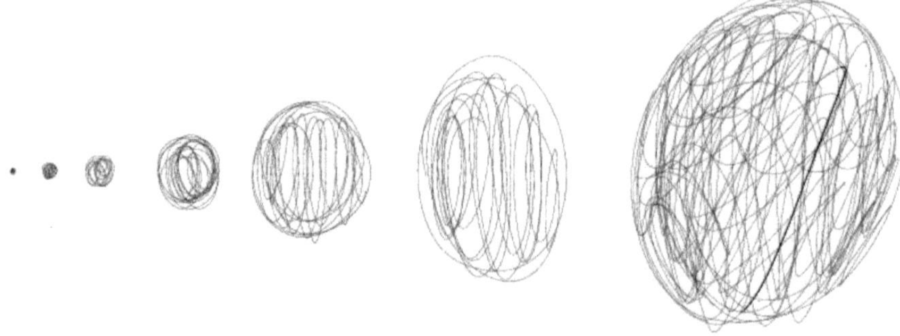

Ellos no se merecían
tener una hija,
una hermana,
una amiga
por la cual culparse
por su estado
tan vulnerable
en esa camilla
del nosocomio.

-Culpa

**Realmente,
¿te sientes vivo
o estás viviendo?**

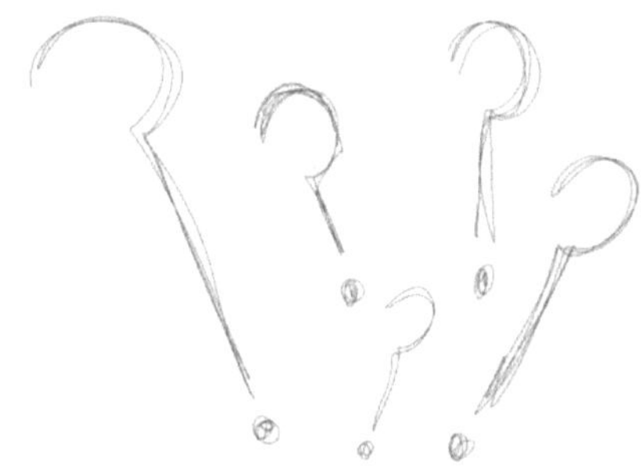

**Y si,
al cruzar ese límite
¿Solo hay más caída?**

¿Esa puerta tendrá salida?

¿Intentarlo supondrá perder?

-Miedo a lo desconocido

**No hacer hoy
significa
ver más grande
el día de mañana.**

Aunque todo sea una ilusión.

-Mañana si eso

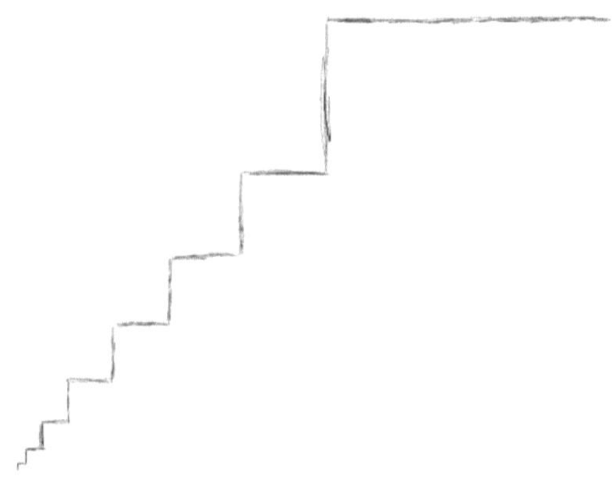

**Renunciando al futuro
por dolores del pasado.**

Dilemas del presente.

-Tiempo

**Me apuñalan,
pero curo sus rasguños.**

**No fue ni la primera,
ni la última.**

**Sé que duele
pero no puedo huir.**

-Dependencia

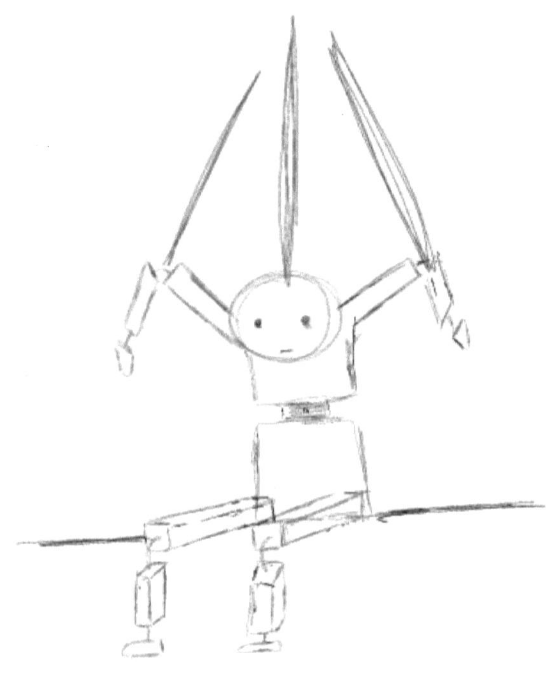

**Los ojos
con los que nos vemos
nunca son los de uno mismo.**

**Ahí entra tu capacidad
de creer lo ajeno
o confiar en lo propio.**

«Devuélveles lo que te hicieron.»

**Devolver el dolor
no te fortalece.**

**Deja al descubierto
esa vulnerabilidad
y ese vacío.**

-Justicia errónea

**Las grandes tormentas
de pleno agosto.**

**Tan soleadas
y frías al mismo tiempo.**

**Demuestran que en la vida
podemos ver
cualquier cosa.**

Y a veces nos sorprendemos.

«Todavía estás a tiempo.»

Qué más dará,
una cosa ya empezada
dala por acabada.

-De perdidos al río

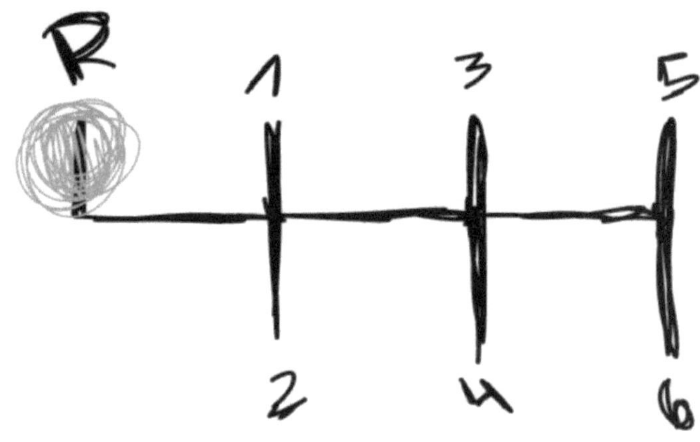

Y tú,
¿Te fijas en el destino o en las vías?

Escucharás
lo que siempre habrás querido escuchar.

Puede que hasta tú mismo te lo digas.

**Lo que a ti te tocó,
por muy doloroso
que fuera,
no estaba
bajo tu responsabilidad.**

**Es cosa tuya
hacer que lo que vendrá
sea todo
lo que tú deseaste tener.**

-*A través de la puerta*

07
RENACER

¿Qué hay detrás de esos días no tan malos?

¿Qué siento al abrir los ojos el día después de decir esta es mi última noche?

Hay tantas cosas que quedan por resolver. Tantas cosas con las que viviré aguantándolas y otras con las que moriré sin saber.

Aquel brazo que retiene mi cuerpo de avanzar aunque tenga la posibilidad. Esa sombra que siempre me hace pesar, ese dolor que me acompaña a cualquier lugar donde vaya. Esa voz impulsiva que me obliga a hacer todo aquello que nunca querría haber hecho. Esa fuerza física que me obliga a hacerme daño. ¿Quién es ese demonio que tanto me atormenta?

SOY YO.

Todo encaja.

Yo no soy la persona que me pegó. Yo no soy la persona que me maltrató, ni tampoco la que me manipuló, ni abusó, ni violó, engañó, utilizó. Yo no soy ninguna de esas personas que me hicieron daño. Pero si soy la persona que no deja salir ese dolor que esos demonios me provocaron.

Yo soy mi propia tortura inconscientemente. Cada vez tiene todo más sentido.

Vivir en el dolor es un infierno. Pero salir de él y encontrarte el cielo es todavía más difícil.

He luchado por encontrar una respuesta, un motivo, un culpable. Pero nada de eso sirve. Es hora de hallar lo definitivo; a mí.

No pienso malgastar más tiempo en arrepentimientos ni en lástimas. Todo está dentro de mi cabeza. Lamentarme por ello no me hará avanzar. **Buscar y reconocer, es lo que me hará crecer.**

Aquí nada es fácil. Los procesos son lentos y duros. Pero de eso se trata avanzar, no dejar el camino atrás, por muchos kilómetros que puedan quedar. Soy mucho más fuerte de lo que realmente creo.

La batalla aparente; yo contra *la vida*.

Siempre he tendido a apodar a ese demonio como *la vida*. Eso me daba una respuesta, pero no era capaz de captarla. La vida no es mala. Lo es lo que entiendo por ella. Solo debo saber qué es realmente la vida. Debo saber por qué me impido a mi misma progresar.

La vida es otro de los mil conceptos de libre interpretación que puedo tener. Está en mis manos saber como utilizarlo. Aquí todo es psicológico. **Todo el poder está en la mente.**

Claro que puedo levantarme de la cama. Por supuesto que puedo aprovechar el día. Puedo con todo aquello que me proponga.

Puedo ser feliz.

Quiero ser feliz.

Solo tengo que conseguir que esos ánimos estén de mi lado. Tengo que tenerme a mi misma de mi bando. No conseguiré nada si no estoy completa. Nada podrá llenar ese hueco donde debería estar esa parte de mí. Ni todo el oro del mundo podrá llenar ese vacío. Tengo que completarme.

He estado culpando a la vida por conductas que han hecho que me odie a mi misma. He estado despreciando a la vida por confundirla conmigo misma. Nunca hasta ahora me había dado cuenta de algo.

YO SOY VIDA.

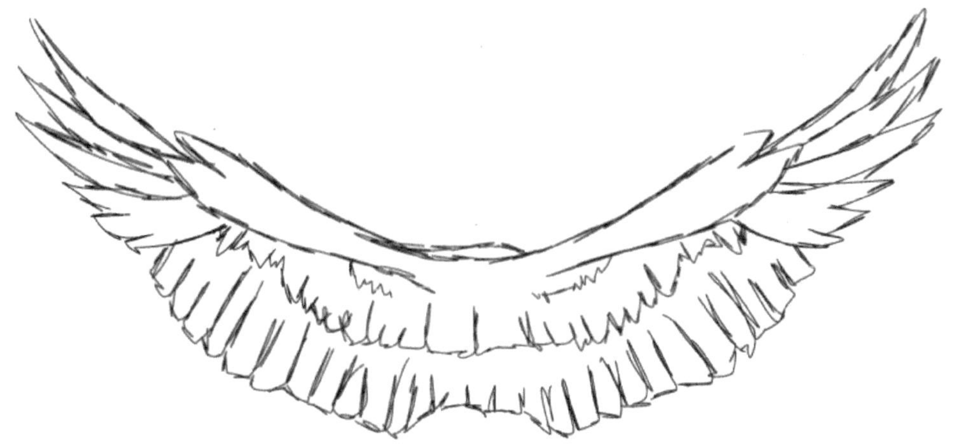

Escalar un monte rocoso
siempre fue algo lento y difícil.

La caída rápida y dolorosa.

Será más sencillo,
caer y darse por vencido.

Pero,

añorarás las vistas que nunca presenciaste.

Te están esperando.

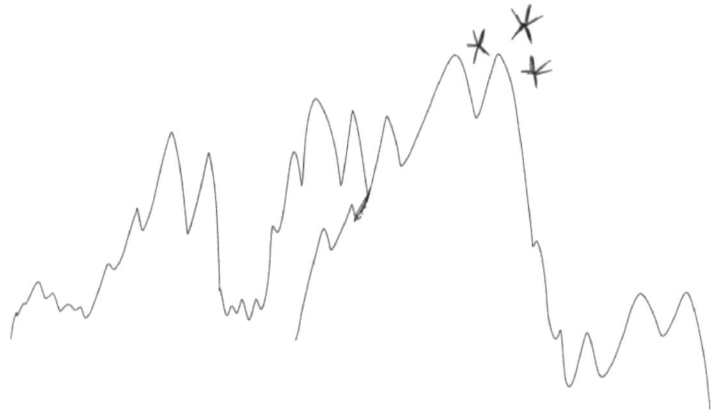

Estando a oscuras
no se aprecia
lo bonito
que puede llegar a ser todo.

**Cuántas noches sin dormir
pensando en aquello
que nunca tuvo que saberse.**

-Insomnio

«Eres muy madura para tu edad»

Una niña de nueve años no quiere ser madura para su edad. Una niña de nueve años quiere ser una niña de nueve años. No es una ventaja ni algo por lo que presumir.

Esa niña, a los doce años, se juntará con gente de dieciséis. Crecerá antes de lo que estamos acostumbrados a ver. La machacarán por ello, le harán sentir inferior e ingenua.

A los dieciséis años esa niña ya querrá ser independiente. Se la criticará,

«Solo eres una cría.»

La sabiduría no se cuenta con los años. Se cuenta con experiencias. Por todo aquel que tuvo que ganarse la vida, las luchas internas de cada uno, el hecho de cómo lidiamos con ello. Es lo que realmente nos hace madurar.

Esa niña de dieciséis años estará muy jodida y no querrá seguir más. Ya habrá aguantado lo que no debía.

Pero esa niña, merece llegar a los veinticinco años, viendo como ha logrado avanzar.

**Los jóvenes
nunca serán tan jóvenes
para sufrir.**

**Viviendo en impotencia
al ser juzgados
por sentir
como ellos sienten.**

**Se les silencia
por su corta edad.**

Incomprensión.

«No sabéis nada de la vida.»

Discrepo;

somos el futuro.

Cinco cosas que puedas ver,

cuatro que puedas oír,

tres que puedas sentir,

dos que puedas oler

y una que puedas saborear.

**Todo lo que calla
ese diario
escondido
en mi habitación.**

**Tratando de ser humanos
en un mundo
donde pensar en uno mismo
es egoísmo y narcisismo.**

**Pensar en los demás,
es ser ingenuo y débil.**

Algo no estamos haciendo bien.

**«Sigue hacia adelante.
No escuches,
no confíes en nadie,
utiliza a tu favor.**

**Trátalos como te trataron,
húndelos.»**

-Palabras de un corazón vacío

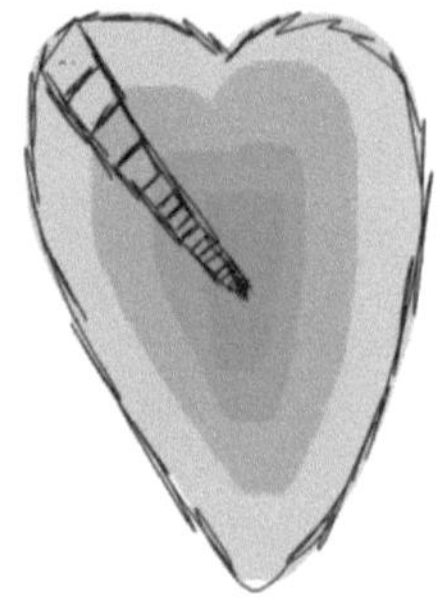

**Esos siete segundos
de pura tranquilidad.**

**Reviviría esos siete segundos
por toda una eternidad.**

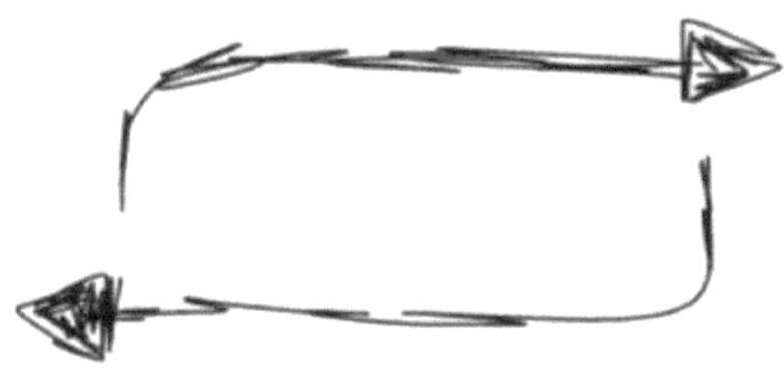

**Como si algo de esta vida
fuera eterno.**

**Como si lo que destruimos
tuviera un arreglo.**

....

**Y aunque quiera yo,
no vivo sin tu veneno.**

**Me está matando
pero,
no vivo sin tu veneno.**

-Veneno (orchestral), Delaossa.

**Deja volar tu creatividad,
los lienzos se quedan pequeños.**

A mí,

Me dijeron; exprésate.

Creé arte.

Lo orgullosa que estará
tu versión del futuro
al ver
que al fin te creíste
que eras más de lo que creías.

08
SIÉNTELO CONMIGO

Sé que has estado muy abajo. Sé que te has
desorientado mucho. Has llorado de rabia y has llegado
a no sentir nada, te has hecho daño, has permitido
injusticias por sentirte en soledad, has podido dejar la
realidad y hundirte en una desconexión inmensa. Sé lo
que es. Te comprendo.

Quiero que esto lo lea esa parte de ti, esa que tanto
añoras, que crees que ya no existe. Pero sí que está, lo
sé. Aunque tú no lo creas, el libro ha sido leído por ella.

Alguien que se refugia en sus pensamientos, se frustra
cuando no puede controlar sus impulsos, siente
culpabilidad constante. Ese alguien, está pidiendo
ayuda, quiere ser salvado.

Queremos rendirnos. Abandonar todo lo luchado y
dejar de sufrir por ello.

Eres más fuerte de lo que crees. Te estás esforzando, lo
conseguirás. Puede que los que te rodean no sepan
valorarlo o no sepan ayudarte, pero estás avanzando.
Esa nube en la que crees que estás ahogándote, donde
nadie te escucha, nadie te ve ni te siente. Somos más
de los que crees en esa nube. Estamos todos juntos
aquí. Estamos solos juntos.

Esa oscuridad que hay dentro de ti hará lo posible para dejarte caer.

Pero no has caído.

Esa oscuridad no eres tú.

No mereces ese dolor que tú crees que debes sentir. Conseguirás crecer, atravesar el camino lleno de obstáculos. Cada vez dolerá más. Nadie dijo que el proceso será fácil. Adentrarse en ese dolor es necesario, no podrás ganar si no luchas por ello, y créeme, eres totalmente capaz.

Estoy muy orgullosa de todo lo que estás logrando. Esos pequeños pasos que estás dando son en realidad saltos. Estás a punto de volar, pero no tengas prisa.

Sientes que la vida ha perdido su sentido y no sabes hacia donde vas, te agobias y lentamente, ha ido apareciendo en tu mente la idea de que tienes que terminar con esta condición, que quieres terminar con tu vida.

Quizás la gente te haya maltratado, hayas tenido experiencias muy dolorosas en tu vida, sientas que no mereces ser querido, pienses que eres una carga.

Te has aislado.

Quieres tener soledad, sientes que quieres que nadie te moleste, muchas veces estás cerca de gente, pero igual sientes un estado de tristeza interior, como que el mundo ya no está a tu alcance, estás lejos de los que te rodean.

No será eterno. No te añadas presiones.

Debes estar contigo. En esos momentos donde pienses que el mundo se te cae encima y en los que tengas el universo en tus manos. Hazte compañía en cada uno de esos momentos.

Habrá un momento donde te veas frente al espejo y sientas todo lo que has logrado. Te observarás y admirarás, serás tu fan número uno. Estarás ahí, cuando te quieras y cuando te odies. Pero siempre te tendrás.

Sé que estás ahí.

Sé que podrás perderte de nuevo,

confía en el proceso.

Confía en ti.

**Al finalizar la guerra,
siempre quedarán las cenizas
y restos
de lo que en su día fue.**

**Las heridas y daños
que pudo causar.**

Pero la guerra ya habrá acabado.

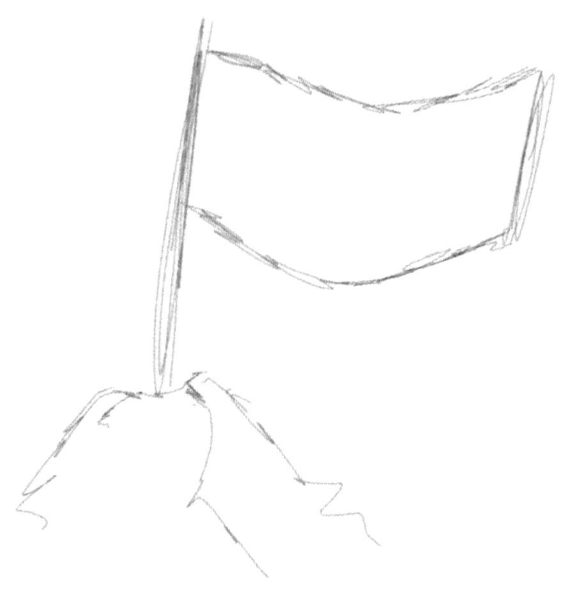

Hogar.

Nunca serán cuatro paredes
y un techo.

Hogar son esas personas
que te arropan
sin tener una manta.

Que te quieren
sin cobrarte por ello.

Que en medio de la lluvia,
tiren el paraguas,
y contigo
salten en los charcos.

El verdadero hogar.

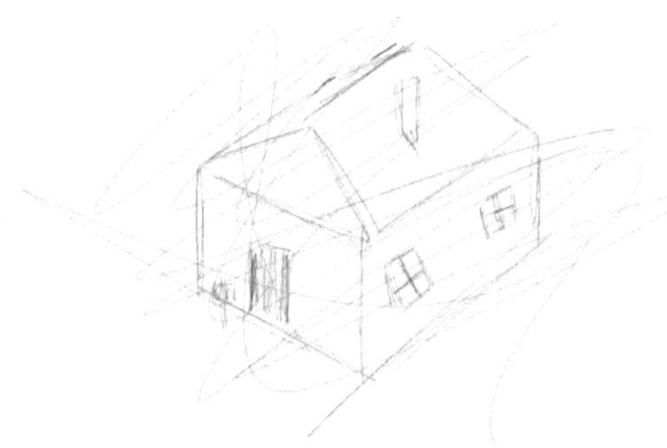

Volteo mi cabeza;

¿Qué he escuchado?

Estoy cansada de oírlas. No hacen más que confundirme.

¿Por qué veo cosas raras?

Esas personas me están persiguiendo. No hablan, o eso creo. Me observan. Quiero que se vayan.

¿Quién me ha cogido del brazo?

Aquí no hay nadie. Me estoy asustando.

Tengo miedo.

-Alucinaciones

Cuál fue el día
en el que decidí priorizar
esos pensamientos asesinos
que me atormentan
día sí,
día también.

**La historia parte desde un principio
que alguien tuvo que escribir
sin antes tener un guion.**

**El paraíso
sin duda alguna
son esos ojos brillantes
que veo en el espejo
al mirar un alma
que estuvo rota
y lucha por reconstruirse.**

-Comienzo a quererme

La persona que menos creía
que lo podía lograr
ahora mismo
está anonadada.

Esa persona
era la única
que creía
que no lo iba a lograr.

Esa persona,
soy yo.

Resurgiendo de las cenizas,

parece que está en mi naturaleza.

-Ave Fénix

ESCRIBIR;

El arte que puede hacer maravillas. Tan amplio y meticuloso al mismo tiempo.

Los límites los marca la imaginación.

Escribir, transmite tantas emociones indescriptibles.

Millones de ideas, diferencias y posibilidades.

Una historia siempre tiene un principio

pero,

¿Quién marca el final?

Todavía no es el final.

Ni yo misma puedo creerme lo que he conseguido hasta ahora. Noches en vela y ataques de todo tipo que me han invadido en el trascurso de la creación de este libro.

Pero lo he conseguido.

Te agradezco infinitamente a ti, lector, por llegar hasta donde has llegado. Ha sido toda una aventura. He llorado, reído, sangrado y sudado escribiendo **Sonrisa de cristal**.

Espero haber podido transmitirte esa pequeña parte de mí, que siempre estará dispuesta a dar aquello que la mayoría no sabe encontrar; ayuda.

Recuerda siempre, que el proceso será duro. Confío en ti, que podrás con ello y con absolutamente todo.

Busca en tu interior,

búscate.

Sobre todo, para ellos;

Para Morgan, que me da vida sin siquiera hablar.

Para Erik, quien me enseñó que la esperanza está personificada.

Para Laura, que me hizo ver que el amor es inmenso.

Para mi equipo, que me enseñaron que hay familias de corazón.

Para Roger, que hizo todo lo que tenía en sus manos.

Y para Max, con el que descubrí que existe lo duradero.

*El espejo se hastió de mis delirios,
yo lo ignoré todo este tiempo.*

Ignoré esa sonrisa de cristal.

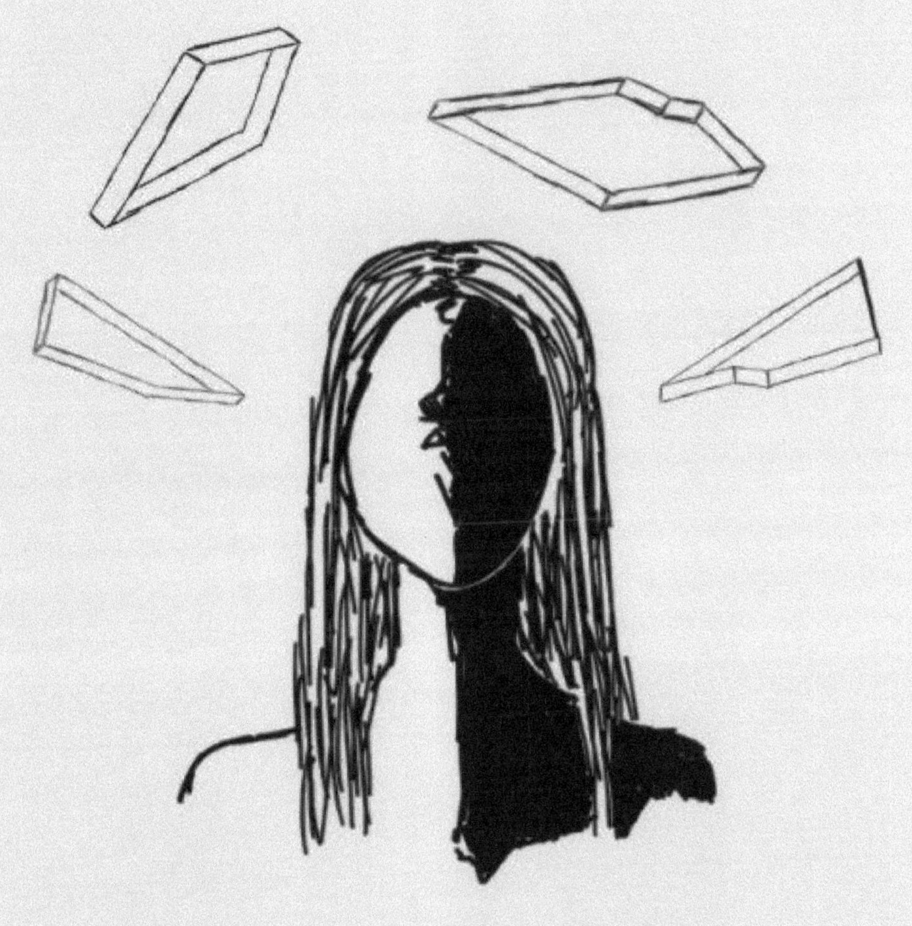